NOCES D'OR

DE M. L'ABBÉ THIBAULT

CHANOINE HONORAIRE, CURÉ-DOYEN DE VERTUS

SOUVENIR

DES

NOCES D'OR

DE

M. L'ABBÉ THIBAULT

CHANOINE HONORAIRE, CURÉ-DOYEN DE VERTUS

1839-1889

CHALONS-SUR-MARNE

IMPRIMERIE MARTIN FRÈRES, PLACE DU MARCHÉ-AU-BLÉ, 50.

—

1889

SOUVENIR

DES

NOCES D'OR

DE M. L'ABBÉ THIBAULT

CHANOINE HONORAIRE, CURÉ-DOYEN DE VERTUS

———

Depuis que notre divin Maître a dit à ses apôtres : « Vous êtes la lumière du monde », semblable au soleil lui-même l'existence sacerdotale, si fraîche à son aurore, si lumineuse à son midi, conserve, à son coucher, des teintes d'une douceur et d'une richesse admirables.

Si le soldat, si l'artisan deviennent, pour l'ordinaire, inutiles au déclin de leurs jours, le prêtre, mûri par les années et par l'expérience, n'est que plus utile par l'autorité de son âge, par la sagesse de ses conseils et par la gravité de ses exemples.

Ces réflexions s'imposent d'elles-mêmes, quand il

est donné à quelque vénérable du sanctuaire de célébrer son jubilé.

Elles n'ont pas échappé à M. l'abbé Thibault, chanoine honoraire, curé-doyen de Vertus. Depuis longtemps déjà il entrevoyait le jour solennel de son cinquantenaire sacerdotal et se préparait à le célébrer avec toute la pompe possible. Pour en relever l'éclat par la présence de Sa Grandeur Monseigneur notre Évêque, il adressait au vénéré prélat la lettre suivante :

« Vertus, le 20 juin 1889.

« MONSEIGNEUR,

« Vous avez daigné, lors de la visite épiscopale, me faire espérer votre présence, à Vertus, pour présider le cinquantenaire de mon ordination. Vous avez même promis de fixer le jour de cette fête sacerdotale. Vous ne l'ignorez pas, Monseigneur, promesse oblige encore plus que noblesse. Bien que l'anniversaire de mon ordination tombe le dimanche 14 juillet, il ne me paraît pas convenable de fixer la fête pour ce jour-là ; pas n'est besoin de dire pourquoi.

« Je souhaiterais donc, Monseigneur, qu'il vous fût possible de choisir un des jours suivants dans la dernière quinzaine de juillet prochain, un jeudi si faire se peut, afin d'avoir à l'église les enfants des écoles.

« Au reste, je m'en rapporte à Votre Grandeur

pour tout ce qu'elle voudra bien ordonner. Seulement il me serait utile d'être prévenu à l'avance, afin de prendre mes dispositions pour tout organiser.

« Daignez, Monseigneur, m'accorder ce nouveau témoignage de votre bonté paternelle et agréer, etc. »

La réponse ne se fit guère attendre ; la voici textuellement :

EVÊCHÉ DE CHALONS.   « Châlons, le 28 juin 1889.

« MONSIEUR LE DOYEN,

« Lorsque nous faisions ensemble le projet de vos noces d'or, je ne prévoyais pas la conclusion de la tournée. Cette conclusion est un rhumatisme au genou droit. Je le subis depuis vingt-quatre jours. Je l'ai aggravé par les fatigues de la Pentecôte, des Châsses, de l'Epine et d'une nouvelle tournée ; je vais y ajouter l'ordination, un voyage d'intérêt ecclésiastique à Beauvais, les confirmations de Vitry, celles de Châlons, les fêtes de Saint-Memmie, les agitations de la retraite pastorale. Voyez et prononcez. Les soins que j'ai pris jusqu'ici ont adouci la douleur, mais non rétabli la flexibilité du genou ; je ne puis pas faire la génuflexion. Le programme de mouvements à outrance que je viens d'esquisser ne me promet rien qui vaille.

« Je vous renouvelle, Monsieur le Doyen, mes sentiments respectueux et dévoués.

« *Signé* : † G.-MARIE, *Evêque de Châlons.* »

Devant ce refus, hélas! trop bien motivé, M. le Curé de Vertus comprit que Monseigneur, retenu par les fatigues d'une visite pastorale laborieuse, ne pouvait répondre à son invitation.

Aussitôt il s'empresse d'offrir la présidence de la fête projetée à son supérieur hiérarchique M. l'abbé Lucot, archiprêtre de la cathédrale, et lui adresse ces quelques lignes :

« Vertus. le 4 juillet 1889.

« Monsieur et vénérable Archiprêtre,

« Comme vous l'avez souhaité à la distribution des saintes huiles, la cérémonie de mes noces d'or est fixée au dimanche 14 juillet prochain. C'est à vous qu'il appartient de la présider.

« Veuillez donc être des nôtres ce jour-là. Un train vous amène à Vertus pour neuf heures.

« Il va sans dire que vous serez assez bon pour adresser à l'assistance quelques mots d'édification ; mais gardez-vous bien de faire l'éloge du curé ; attendez pour cela qu'il soit sorti de ce monde. *Lauda post mortem*, dit le sage.

« Dans l'espoir d'une réponse favorable, j'ai l'honneur, etc. »

La réponse fut favorable et mérite d'être citée tout entière :

« Châlons, le 6 juillet 1889.

« Mon cher Monsieur le Doyen,

« Puisque vous y tenez, je serai chez vous à neuf heures, le dimanche 14, pour la touchante cérémonie à laquelle vous me conviez. J'eusse préféré un jour de la semaine ; mais les choses étant ainsi arrangées, je me rends à votre désir et à vos dispositions.

« Que dirai-je? Je ne le sais. Je puis seulement vous avertir qu'il sera quelque peu question de vous. Rassurez-vous cependant ; nous n'avons pas l'habitude de mettre mal à l'aise ceux dont il nous faut parler.

« Je regrette que Sa Grandeur n'ait pu être le président et l'orateur de la solennité. Vous y perdrez assurément ; mais si son humble suppléant ne peut vous donner l'éloquence du maître, il sera heureux de vous témoigner une fois de plus et en une circonstance aussi solennelle, l'expression de son cordial et respectueux dévouement.

« Signé : LUCOT, chanoine,
curé-archiprêtre. »

Au préalable, M. le curé de Vertus, décidé à célébrer son cinquantenaire le jour même de son ordination, s'était entendu avec M. Goerg, maire de la ville, pour célébrer en même temps et son jubilé et la fête nationale du 14 Juillet. Avec sa bienveillance habituelle, M. le Maire se montra tout disposé à entrer dans ses vues et eut même l'obligeance d'inviter à la double cérémonie les autorités de la cité virtusienne.

Ces dispositions prises, le dimanche 14 juillet, M. l'abbé Thibault, chanoine honoraire, curé-doyen de Vertus, célébrait par une messe solennelle le cinquantième anniversaire de son ordination sacerdotale.

Né à Bannes le 14 août 1814, entré au séminaire en 1828, M. l'abbé Thibault (Jacques-Honoré) reçut le sacrement de l'ordre des mains de Mgr de Prilly, le 14 juillet 1839. Successivement vicaire de Suippes et curé de Bergères-lez-Vertus, il fut nommé doyen de Vertus en 1849.

Cette fête, personnelle au pasteur, en fut une pour toute la famille paroissiale dont il est le père depuis quarante ans.

Dès la veille, au son des cloches, les Dames de charité, les Enfants de Marie, les associées de l'OEuvre des Tabernacles, les sœurs de l'hospice, les religieuses du pensionnat de Saint-Joseph et leurs élèves, étaient venus lui présenter avec leurs vœux les ornements qu'à l'occasion du centenaire, leur filiale et pieuse reconnaissance voulait offrir à l'église paroissiale.

Une cantate, composée pour la circonstance, fut exécutée par les élèves du pensionnat, et l'une d'elles se fit l'interprète de ses compagnes en adressant à M. le Doyen le gracieux compliment qui suit :

MONSIEUR LE CURÉ,

Il vous souvient du jour, du jour trois fois heureux.
Où votre âme à Jésus s'enchaînait de doux nœuds,
Où pour la première fois votre main consacrée
Elevait sur l'autel la victime adorée ;
Un bonheur ineffable alors vous inondait ;
A flots de votre cœur l'extase débordait ;

On eût pu voir vers vous se pencher le bon Maître
Et l'ange s'incliner devant le nouveau prêtre.
Mais depuis ce grand jour cinquante ans ont passé !
Un immense trésor depuis s'est amassé.
Sans crainte vous pouvez regarder en arrière :
Digne pasteur, en vous quel remords surgirait ?
Dieu, vous l'avez servi ; le bien, vous l'avez fait.
Qui parmi nous sema le grain de l'Evangile ?
Qui nous fit du Seigneur trouver le joug facile ?
Dans le chemin du ciel qui dirige nos pas ?
Qui nous excite et nous encourage aux combats ?
A qui Vertus doit-il de voir prospérer
Les Enfants de Marie, les dames de charité ?
Qui donc aime et protège avec autant d'ardeur
Ces maîtresses zélées formant nos jeunes cœurs ?
Ah ! nous l'avons nommé, notre amour le proclame,
C'est vous, Monsieur le curé, cher pasteur de nos âmes !
Aussi nos vœux, nos promesses, nos prières
Vous sont-ils assurés pour votre vie entière,
Et dans le ciel, nous l'espérons, un jour,
Toutes, sans exception, redirons notre amour.

Enfin la parole fut donnée au petit-neveu et filleul
du vénéré jubilaire. Ce charmant enfant a soixante-
dix ans de moins que son oncle bien-aimé. Il lui
exprima cependant avec facilité les sentiments de
toute la famille demandant pour lui et pour ses
proches la bénédiction patriarcale :

Cher parrain, que ne suis-je un poète
Pour célébrer dignement cette fête,
Qui réunit tous vos parents
Avec le bonheur le plus grand,
Pour honorer unanimement

Votre ministère de cinquante ans !
Mais, hélas ! je ne suis qu'un enfant,
Incapable de rendre ses sentiments.
Cependant je sais bien vous aimer,
Et, dans mes faibles prières, demander
Que le bon Dieu bénisse vos jours
Et vous conserve à notre amour.
Pour preuve de ma vive tendresse,
Recevez ma plus douce caresse.

Des larmes de joie coulaient de tous les yeux ; les bouquets gracieux affluaient au presbytère, et, craignant d'en manquer à Vertus, des âmes dévouées en avaient fait venir d'Epernay et de Châlons. C'était le prélude des grandes émotions du lendemain.

Le dimanche, à dix heures précises, le cortège, organisé par M. l'abbé Martin, vicaire, avec l'activité intelligente qu'on lui connaît, se rend au presbytère. Les jeunes filles de la ville, du pensionnat, des écoles et de l'orphelinat, la plupart voilées ou vêtues de blanc, les confréries ouvraient la marche, bannière en tête.

Arrivés au presbytère, les garçons du patronage et du catéchisme, rangés fièrement sous leur étendard du Sacré-Cœur (souvenir de la mission du Mesnil), porté par un vétéran, saluent M. le Doyen par ce chant entonné avec entrain :

Pour vous fêter permettez qu'on s'empresse
A vous offrir les plus chers vœux, etc.

Puis trois d'entre eux s'approchant présentent au bon pasteur de superbes bouquets de roses.

La procession reprend le chemin de l'église au chant du *Veni Creator*. Le temple saint, dont la restauration a coûté tant de soins à M. le Doyen, était orné avec un goût parfait. De nombreuses oriflammes garnissent les piliers de la nef et du chœur. Des mains pieuses y ont reproduit les initiales du jubilaire avec les emblêmes du sacerdoce, le calice et l'ostensoir. Le maître-autel, splendidement orné, ressemble à un immense bouquet de fleurs choisies.

« C'était la fille reconnaissante qui avait pris des « vêtements de fête pour célébrer avec toute sa gloire « les noces d'or de son vénérable père. »

Dans l'assistance fort nombreuse, on remarquait la présence de M. le Maire de la ville, conseiller général du canton de Vertus, de plusieurs des conseillers municipaux et du conseil de fabrique. Les membres de la famille étaient placés dans le chœur avec les autorités.

Après l'évangile, M. l'archiprêtre de la cathédrale prononça avec une chaleur communicative le discours suivant, qui a profondément touché l'auditoire :

> *Benedictus qui venit in nomine Domini.*
> Béni soit celui qui vient au nom du Seigneur.

« Mes Frères,

« Quand nous venons, au nom de Monseigneur « l'Evêque, présenter à une paroisse celui qui doit

« en être le pasteur et le père, si c'est un jeune
« prêtre dont nous inaugurons le ministère, notre
« tâche paraît fort simple : nous rappelons à l'élu
« de Dieu et au peuple qu'il va gouverner la gran-
« deur du ministère sacerdotal, et les bienfaits qui
« doivent en découler pour les âmes.

« Et cependant, à ne parler que du ministère du
« prêtre, à se borner à exposer les fruits salutaires
« à sa mission, toute simple qu'elle paraisse, la
« tâche est considérable ; car la louange du sacer-
« doce chrétien est inénarrable, dit saint Paul : *De*
« *quo nobis grandis sermo et ininterpretabilis ad*
« *dicendum.*

« La dignité du prêtre, en effet, est si sublime, et
« ses fonctions sont si grandes ! Des pieds seulement
« il touche à la terre, mais sa tête et son cœur sont
« au ciel. Médiateur entre Dieu et les hommes, le
« prêtre tient les clefs qui en ouvrent la porte. Toutes
« les grâces de Dieu passent par ses mains pour
« arriver aux hommes, et à toute heure il les leur
« distribue, sous toutes les formes et pour tous leurs
« besoins. Ses lèvres annoncent la parole de Dieu,
« ses mains dispensent les sacrements. Par le Bap-
« tême, il fait des hommes les enfants de Dieu ; par
« l'Eucharistie, il les nourrit du corps même du
« Sauveur ; il les prémunit contre les dangers de la
« vie ; par la Pénitence, il répare leurs chutes ; sans
« cesse il nous soutient dans le chemin du devoir, il
« nous console dans nos peines, il nous secourt dans
« toutes nos misères, il ne nous quitte qu'au seuil

« de l'éternité. Et quand notre froide dépouille re-
« pose au milieu des morts, quand tout le monde
« nous a oubliés, lui, qui a conservé notre souvenir,
« le porte à l'autel de Dieu pour implorer en faveur
« de nos âmes ses éternelles miséricordes.

« Voilà, en abrégé, ce que nous rappelons, mes
« frères, aux fidèles accourus à l'installation de leur
« nouveau curé. Oui, leur disons-nous, tel sera le
« pasteur que nous vous présentons ; voilà aussi le
« programme que nous traçons à l'envoyé de
« Dieu.

« Mais comment l'accomplira-t-il ? *Quis puer iste*
« *erit ?* Comment saura-t-il réaliser les espérances
« que l'Eglise fonde sur lui ? Et quelle correspon-
« dance trouvera-t-il dans son peuple ? Il faut aujour-
« d'hui tant de vertu, tant de prudence pour faire
« accepter aux hommes le joug de la religion ; ce
« joug qui, bien porté, fait pourtant notre gloire et
« notre bonheur ! Jusqu'où le nouveau pasteur s'ap-
« prochera-t-il de l'idéal de perfection que la foi
« nous montre en Notre Seigneur Jésus-Christ, le
« prince des pasteurs ? Sa vertu ne souffrira-t-elle
« pas quelque éclipse ? Au contact des méchants,
« lui, le sel de la terre, ne va-t-il pas s'affadir ? Ne
« perdra-t-il pas courage devant l'indifférence ou le
« mauvais vouloir de son peuple ?

« Incertitudes redoutables ! Perplexités dont il
« nous est impossible de nous défendre ! Vous le
« savez, d'abondantes semailles ne sont pas les
« garanties d'une abondante moisson ; et la récolte

« du raisin ne répond pas toujours à la floraison de
« la vigne.

« Mais ici, mes frères, Dieu soit loué ! nous n'a-
« vons pas à nous poser ces questions ; nous ne
« sommes pas en présence de ces incertitudes. Dans
« cette fête de famille, qui nous réunit tous pour
« célébrer le cinquantenaire de l'ordination sacer-
« dotale de votre vénérable doyen, il ne s'agit plus
« d'espérance ; nous sommes en possession des plus
« consolantes réalités. Mieux que je ne saurais le
« dire par la parole, il vous a dit et vous redit, par
« sa vie de tous les jours, ce qu'est le prêtre, le
« pasteur des âmes. Et depuis quarante ans vous
« avez sous les yeux cette prédication.

« Son cœur s'est révélé à vous dès les premiers
« jours de son arrivée à Vertus. Il venait de Ber-
« gères ; il avait donné à cette paroisse les prémices
« de son sacerdoce. Il était précédé chez vous par le
« renom d'une vie exemplaire et de tout le bien qu'il
« avait fait à Bergères. C'était en 1849. Le choléra
« multipliait parmi vous ses victimes ; avec quel
« dévouement il se mit à soigner vos malades, à
« assister vos mourants ! Il inaugurait ainsi au mi-
« lieu de vous ce ministère de salut qu'il n'a cessé
« d'y remplir depuis quarante ans. Puissé-je ajouter
« qu'il l'a rempli au profit de tous ! Mais si tous
« n'ont pas répondu à son zèle, tous peuvent lui
« rendre le témoignage qu'aucun soin de sa part ne
« leur a manqué.

« Il a catéchisé vos enfants ; il vous a annoncé la

« parole de Dieu ; il a visité vos malades ; il a se-
« couru vos pauvres ; comme le divin Sauveur, il
« s'est fait tout à tous, pour vous gagner tous à Dieu.
« Aucune de ses œuvres qui n'ait eu pour but ou
« votre bonheur et celui de vos enfants, ou la gloire
« de Dieu et la beauté de sa maison. Aucun bien ne
« s'est fait parmi vous qu'il n'ait encouragé, dont il
« n'ait été le promoteur ou le soutien.

« C'est une école chrétienne qu'il vous a préparée
« avec le concours d'un généreux bienfaiteur, où,
« après la religion qui est la plus nécessaire des
« sciences, s'enseigne tout ce qui façonne vos filles
« aux devoirs de la vie. C'est votre antique église
« qu'il a restaurée avec l'aide de la municipalité, et
« qu'il embellit tous les jours. C'est l'union, le plus
« grand des biens de ce monde, qu'il s'efforce de
« faire régner parmi vous. Homme de paix, il a
« tâché de vous ménager la paix ; mais pour l'avoir
« indûment, il n'a jamais sacrifié rien de ce qu'il
« avait promis à Dieu ; il n'a point été et ne sera
« jamais l'homme des compromis coupables.

« Dès sa jeunesse sacerdotale, il s'était fait remar-
« quer par sa régularité dans l'accomplissement des
« moindres devoirs, et jamais il ne s'en est départi,
« vous le savez, dans l'accomplissement des plus
« grands. Il a été l'homme de Dieu dans toute l'ac-
« ception du mot. Servir Dieu et le glorifier, être
« utile aux âmes en cherchant à les sauver, toute la
« vie de votre vénéré pasteur se résume en ces deux
« termes ; il n'a jamais connu d'autre ambition.

« Et maintenant que l'expérience des années, que
« la longue accoutumance de la vertu a consacré le
« choix que Mgr de Prilly avait fait de lui, il y a
« cinquante ans, pour l'ordonner prêtre de Jésus-
« Christ et pour en faire, dix ans après, votre pas-
« teur, n'est-il pas juste qu'ensemble nous adres-
« sions à Dieu des actions de grâce pour ce bienfait
« incomparable d'un pasteur selon le cœur de Dieu
« et selon votre cœur ?

« Oui, il a été aussi un pasteur selon votre cœur.
« Quelle est la famille qui ne le regarde comme un
« ami ? Et comment n'eût-il pas été l'ami de tous
« puisqu'il a été le représentant fidèle de celui qui a
« soin de tous ? Depuis près d'un demi-siècle, que
« de grâces sont arrivées du ciel par ses mains à
« chacun de vous, et avec quel empressement, quelle
« bonté il vous les a dispensées, avec une bonté qui
« en doublait presque le prix ? Je n'insiste pas, vous
« connaissez mieux que moi son accueil cordial et
« franc.

« Remerciez donc Dieu de vous l'avoir donné
« pour pasteur ; priez Dieu de vous le conserver
« longtemps avec son cœur, son intelligence et son
« activité. Il vous a élevés à peu près tous ; vous
« lui êtes attachés par tant de liens, par toutes les
« consolations, par tous les services que vous en
« avez reçus.

« Et nous, mes frères, nous qui le comptons
« parmi les vétérans du sacerdoce et les modèles de
« la tribu sainte, souffrez que nous nous associions

« à vous en ce jour pour entrer en ce concert una-
« nime de félicitations et de vœux.

« Interprète en ce moment du premier pasteur
« du diocèse et du clergé de Châlons, je vous prie,
« mon Dieu, de conserver le vénérable doyen de
« Vertus à notre estime et à notre affection. Dès ce
« monde, Seigneur, récompensez ses travaux, ren-
« dez fructueux son zèle, donnez-lui de vous rame-
« ner tous ceux que vous lui avez confiés.

« Il vous appartient en partie, mes frères, de réa-
« liser ces vœux. C'est par votre docilité à suivre
« votre pasteur que s'affirmera votre reconnaissance
« envers lui. Soyez ici-bas son honneur et sa joie en
« vivant comme de fidèles chrétiens, pour être plus
« tard dans le ciel son éternelle couronne. »

Vous êtes sur le qui-vive, jeunes enfants des écoles !
et sans la présence de M. le vicaire, vous alliez crier :
vive M. le curé ! Voici paraître une tour Eiffel d'un
nouvau genre ; les gâteaux du pain bénit, flanqués
de quatre cents brioches bien dorées. Comme vous
les convoitez des yeux ! Patience ! tout à l'heure
elles seront à vous.

La messe s'achève et, en descendant de l'autel,
M. le Doyen laissa parler ainsi son cœur :

Misericordias Domini in æternum cantabo.
Je chanterai éternellement les miséricordes
du Seigneur.

« MES TRÈS CHERS FRÈRES,

« Malgré mon émotion, je ne puis descendre de
« cet autel, où je monte depuis quarante ans, sans

« vous exprimer toute ma reconnaissance pour la
« part que vous avez bien voulu prendre à cette fête
« nouvelle pour tous.

« Mes sincères remerciements d'abord à **M.** le
« vénérable archiprêtre de la cathédrale, qui a dai-
« gné en exposer le sens par sa parole toujours si
« grave et si autorisée.

« Mes remerciements à **M.** le Maire de Vertus et
« à son conseil, qui ont bien voulu profiter de la
« coïncidence, pour unir ensemble la fête nationale
« et celle de leur curé.

« Merci à **M.** le vicaire, qui s'est imposé tant de
« peines et de fatigues pour préparer et coordonner
« les belles et touchantes cérémonies dont vous êtes
« les témoins.

« Merci aux Dames de charité, aux Enfants de
« Marie, aux ouvrières de l'OEuvre des tabernacles
« qui ont voulu profiter de la circonstance pour faire
« des dons à l'Eglise paroissiale.

« Merci aux maîtres et maîtresses qui nous ont
« amené leurs enfants en si grand nombre.

« Merci à nos confréries, dont je vois devant moi
« flotter les bannières.

« Quel empressement, mes frères et quelle union
« entre le pasteur et ses ouailles ! et, sauf quelques
« voix discordantes, quelle admirable concorde !
« Comment n'en être pas touché jusqu'au fond de
« l'âme ? La religion seule en a formé les liens; la
« mort seule pourra les briser, que dis-je? les
« briser ! non jamais ! puisque tous nous sommes

« appelés à chanter ensemble dans l'éternité les
« miséricordes du Seigneur, *Misericordias Domini*
« *in æternum cantabo.*

« Me permettrez-vous, mes frères, de faire en
« terminant un petit retour sur le passé? Que de
« changements survenus dans l'état comme dans
« les familles depuis un demi-siècle? Combien au-
« jourd'hui manquent à l'appel qui eussent été si
« heureux d'assister à cette fête et la contemplent
« d'un meilleur séjour?

« Depuis cette époque la paroisse de Vertus a été
« presqu'entièrement renouvelée et peuplée d'un
« monde nouveau. Dans ma famille, le plus grand
« nombre a disparu; il en est de même parmi mes
« confrères : et si je jette les yeux plus haut, sur le
« trône épiscopal de ce diocèse, le vénérable pontife,
« Mgr de Prilly, qui m'a ordonné prêtre, il y a
« aujourd'hui cinquante ans, a déjà eu trois succes-
« seurs.

« Tant il est vrai que sur cette terre, tout passe,
« tout se flétrit, tout disparaît. Dieu seul est toujours
« le même, toujours juste, toujours bon, toujours
« miséricordieux. C'est donc à lui seul qu'il faut
« s'attacher, lui seul qu'il faut aimer et servir, afin
« de mériter le bonheur de chanter éternellement
« ses miséricordes. *Misericordias Domini in æternum*
« *cantabo.* »

Sous l'impression de cette paternelle parole qui
fit couler bien des larmes, on se remit en marche

vers le presbytère dans le même ordre que le matin au chant du *Magnificat*.

Là un modeste déjeuner attendait la famille de l'heureux jubilaire, et sa seconde famille, les officiers de son Eglise. Avaient daigné accepter son invitation : M. Goerg, maire de Vertus, représentant le conseil municipal ; M. Varin, notaire honoraire, président du Conseil de fabrique ; M. Rénon, maire de Bannes ; M. Oudet-Gonet, neveu, maire de Courjeonnet, et quelques voisins et amis.

Entre la poire et le fromage, M. Goerg, dans une de ces causeries qui lui sont familières porte la santé de son Doyen en faisant l'éloge de la paix et de la concorde et promettant de faire tous ses efforts pour les maintenir entre toutes les administrations locales.

M. le Doyen remercie M. le Maire de ses bonnes paroles et répond que s'il ne tenait qu'à lui, dans l'avenir comme dans le passé, envoyé et ministre du Dieu de paix, ne désirant autre chose que le bonheur de ses paroissiens, il ne cesserait jusqu'à son dernier jour de travailler à entretenir cette union des cœurs plus nécessaire aujourd'hui que jamais.

Ainsi se passa la première journée et comme il n'est pas de belle fête sans lendemain, le lundi, à dix heures, M. le Doyen célébra une messe d'actions de grâces, à laquelle avaient été convoqués tous les ecclésiastiques du canton ; M. l'abbé Salmon, curé du Gault, enfant de Vertus ; M. l'abbé Caltier, curé de

Verrières, ancien vicaire ; M. l'abbé Procureur, curé
de Bannes, et M. l'abbé Charlot, curé de Linthelles.

Toutes les congrégations, toutes les familles chré-
tiennes s'y étaient donné rendez-vous. Prêtres,
parents, amis, paroissiens, fidèles, avaient à cœur
d'offrir ce nouveau gage d'affection à l'heureux jubilaire, en venant avec lui remercier le Seigneur de
tant de bienfaits.

M. le curé de Vouzy interpréta magistralement
sur l'orgue l'hymne *Ave maris stella*, pendant l'offer-
toire ; et à la communion le verset *Quid retribuam
Domino*. Il y mit tout son talent et toute son âme.

La cérémonie se termina par le chant du *Te Deum*.
Mais les parents et les prédécesseurs défunts de M. le
Doyen ne pouvaient être oubliés. On psalmodia le
De profundis à leur intention.

A la fin des agapes fraternelles qui, quelques ins-
tants après, réunissaient prêtres et amis autour de la
table du père de famille, M. l'abbé Hatat, curé de
Vouzy, lut, au milieu des applaudissements fréquem-
ment répétés, la pièce suivante dont il est l'auteur :

Vénérable Doyen, fêter vos noces d'or
C'était depuis longtemps, notre désir intime ;
Nous voulions, en ce jour, vous répéter encore
Notre amour bien connu, notre profonde estime.

On nous disait naguère — eh ! que ne dit-on pas ?
Que par crainte ou vertu, sagesse ou modestie,
Vous ne voudriez point pour vous, en aucun cas,
De ces justes honneurs que le ciel vous envie...

Mais rendons grâce à Dieu ! Notre Evêque honoré
Sut gagner votre cœur, renverser les obstacles ;
Même il devait chez vous, son Doyen préféré,
Présider à la fête et rendre ses oracles.

Il nous eût dit à tous ce qu'est un jubilé,
Ce que sont devant Dieu les hommes et les anges,
Cinquante ans de prêtrise et le long défilé
D'œuvres saintes, trésor digne de nos louanges...

Cinquante ans de prêtrise ! oh ! comme le bon Dieu
Vous aime et vous bénit ! quelle belle couronne
Il met à votre front ! Comme il sait, en son lieu,
Payer une moisson pour un grain qu'on lui donne !

Dans ces champs du Seigneur, Bergères et Vertus,
Votre bouche a semé la parole et la vie ;
Et ce souffle puissant, à des cœurs morts, perdus,
A rendu le salut, la gloire et la patrie.

Votre pieuse main ne sait plus les heureux
Qu'elle a faits au foyer soulageant les misères,
Donnant du pain, du cœur aux pauvres malheureux,
Caressant les enfants et bénissant les mères...

Cette main, je la vois, avec les clefs du ciel,
Ouvrir les cœurs, lier, délier les consciences,
Et, s'armant de la croix, comme un autre Michel,
Broyer l'orgueil du diable, abattre ses puissances...

Et puis c'est elle encore, ô mystère touchant !
Qui prenant sur l'autel la blanche et pure hostie,
La donnait à l'enfant, la portait au mourant.
Distribuant à tous force, courage et vie.

Est-ce tout ? Non. Qui nous dira tous les chemins
Qu'ont parcourus vos pieds ? à l'exemple du Maître
Vous domptez les fléaux, les rochers, les ravins...
C'est une guerre à mort, guerre à Satan le traître !

Intrépide pasteur, l'on vous vit au chevet
De malades tordus par un mal implacable :
Contre le choléra, quand chacun se sauvait,
Souvent l'on vous vit seul, sur la brèche, indomptable.

Est-ce tout ? Non, encore... et votre cœur si bon.
Votre cœur enflammé de divines tendresses,
Se dévouait à tous, à la ville, au canton,
Toujours aimable et plein de saintes allégresses...

Cinquante ans de prêtrise ! ah ! j'en appelle à tous,
Est-il grâce plus riche et faveur plus insigne ?
N'en doit-on pas bénir le Seigneur à genoux,
Et d'un si grand bienfait se proclamer indigne ?

Cinquante ans de prêtrise ! Oh le noble mandat !
Lutter contre l'enfer, lutter contre le vice.
C'est le rôle à la fois du prêtre et du soldat,
Tantôt la croix en main et tantôt le calice !

Vénérable Doyen, on nous disait aussi,
Eh ! que ne dit-on pas ? Qu'à cause de votre âge,
Vous alliez de Vertus quitter cure et souci,
A votre chère épouse, imposer le veuvage...

Cela ne sera pas... Pour nous, nous protestons ;
De nos cœurs réunis nous forgerons des chaînes
Plus fortes que l'acier ; et nous vous retiendrons ;
Et puis nous vous dirons de nos voix souveraines :

« Père, il le faut ; restez, restez pour vos enfants,
« Vous êtes notre bras, notre cœur, notre tête :
« Comme des nautonniers secoués par les vents,
« Sans vous nous céderions au flot, à la tempête. »

O Dieu, de vos faveurs épanchez le trésor
Et bénissez-nous tous. Bénissez votre apôtre :
Bénissez sa cité. Qu'à ce jubilé d'or
Nous puissions tous un jour en ajouter un autre !..

Ad multos annos.

M. l'abbé Janson, curé de Coligny, contemporain de M. l'abbé Thibaut, prononça ensuite quelques paroles émues, où la vieille amitié exprima, en excellents termes, sa gratitude personnelle et celle de tous ses confrères du doyenné. Au nom de tous il souhaite longue vie encore à notre cher Doyen, et ajoute, en faisant allusion à son propre jubilé : « Mes chers confrères, à l'année prochaine, si Dieu « le veut. Espérons que le bon Dieu le voudra. »

M. le Doyen de Vertus se lève à son tour et remercie chaleureusement ses collaborateurs. Il se félicite de les voir tous réunis autour de lui, en une circonstance aussi solennelle, et promet d'être jusqu'à la fin ce qu'il a toujours été pour eux, un ami et un père.

Une bonne fortune, une surprise délicieuse nous était encore réservée. M. le Doyen de Vertus a une parente religieuse. Jadis elle avait quêté, jeune encore, à la première messe de son cousin. Avertie du cinquantenaire, elle lui rappela ce lointain souvenir dans le charmant dialogue qui nous a été communiqué et d'où s'exhale un parfum d'angélique piété qu'on dirait venir du ciel.

Cette pièce de vers est écrite de sa main au verso d'une photographie représentant l'apôtre bien aimé la tête penchée sur le cœur de Jésus.

Au bas de l'image on lit d'abord ce qui suit :

Puissiez-vous, saint pasteur, voir ces cinquante années
Par le Seigneur Jésus, en ce jour couronnées,
Et, goûtant de l'amour l'ineffable douceur,
Comme un autre saint Jean reposer sur son cœur !

LES NOCES DU VÉNÉRABLE CURÉ DE VERTUS.

Tu es sacerdos in œternum.

L'ANGE DE VERTUS.

Sur la terre d'exil, je vois briller l'aurore
D'un jour pur et béni, d'un jour digne des cieux ;
Viens, mon céleste frère, et recueillons encore
Du pasteur vénéré, la prière et les vœux.

L'ANGE GARDIEN.

Depuis l'heure où courbé sous l'onction sacrée
Il se releva prêtre.... et pour l'éternité,
Chaque jour à sa voix, la victime adorée
Entre ses mains descend, voilant sa majesté.
Que d'épis recueillis depuis cinquante années !
Douce moisson que j'aime à porter jusqu'au ciel.

L'ANGE DE VERTUS.

Les brebis, par ses soins au bercail ramenées,
Ont retrouvé la paix au pied du saint autel.
Que de cœurs désolés rendus à l'espérance
D'enfants heureux et purs recevant leur Jésus,
D'infirmes bénissant leurs longs jours de souffrance
Puis montant avec joie au séjour des élus !

L'ANGE GARDIEN.

Rendons grâce au Seigneur... Toi, mon céleste frère,
Protecteur de Vertus, garde bien ton trésor,
Le Père bien-aimé dont le long ministère
Se couronne en ce jour des saintes noces d'or.
. . . .
. . . .
Où sont-ils les témoins de cette heure bénie,
Qui vous vit tout ému monter au saint autel?
Voyez-les, bon Pasteur, dans la gloire infinie,
Sourire à cette fête et vous montrer le ciel.
Dans l'exil cependant, un témoin reste encore
Du premier sacrifice, au grand jour de bonheur...
La petite quêteuse, ô Seigneur, vous implore :
Bénissez le troupeau, bénissez le Pasteur !

14 Juillet 1889.

Ces belles fêtes sont passées et déjà il n'en reste
plus qu'un souvenir qui va tous les jours s'effaçant.
C'est pour le perpétuer que nous avons rédigé cette
notice.

Nous souhaitons de tout notre cœur qu'après
l'avoir lue, le lecteur puisse se dire qu'il n'a pas

perdu son temps et livré son esprit à de frivoles pensées.

Puisse cette notice produire quelque fruit, en faisant aimer et vénérer toujours davantage la tribu sacerdotale !

Puisse-t-elle montrer aux lecteurs de tant de mensongères et trompeuses brochures que les prêtres sont encore aujourd'hui comme toujours les plus sûrs amis des populations et leurs meilleurs conseillers !

Puisse-t-elle enfin ajouter une page à l'histoire religieuse de Vertus, célèbre autrefois par ses quatre églises, ses abbayes, ses collégiales, sa léproserie, ses dames régentes pour l'éducation des jeunes filles, son collège de Saint-Sauveur et enfin par son titre d'archidiaconné. Ses habitants n'ont rien perdu de l'aménité, de l'intelligence et de la franchise de leurs ancêtres. Nous souhaitons vivement qu'ils se réunissent la main dans la main, n'ayant tous qu'un cœur et qu'une âme, sur le terrain religieux, et alors ils pourront redire avec vérité leur antique et fière devise :

Vivit post funera virtus.

Châlons, imp. Martin frères.

www.ingramcontent.com/pod-product-compliance
Ingram Content Group UK Ltd.
Pitfield, Milton Keynes, MK11 3LW, UK
UKHW031717170726
13836UKWH00001B/307